MW01247007

Los Tontos Útiles

Tabla de contenido

Prologo

La historia de la humanidad está plagada de ejemplos de personas bien intencionadas que, sin saberlo, han sido utilizadas para promover las agendas de regímenes opresivos y totalitarios. Estos individuos, a menudo guiados por un deseo genuino de cambio y justicia, terminan siendo instrumentos al servicio de ideologías que socavan los mismos valores que dicen defender. A lo largo de los años, estos "tontos útiles" han sido piezas fundamentales en los movimientos más autoritarios, utilizados para dar una fachada de legitimidad a sistemas que restringen la libertad y perpetúan la represión.

Este libro nace de la necesidad de comprender cómo es posible que en sociedades democráticas, donde el acceso a la información es más amplio que nunca, las ideas totalitarias sigan infiltrándose y encontrando eco. La manipulación ideológica, como se explora en estas páginas, no es siempre evidente. Se disfraza de discursos nobles, de promesas de justicia social y de resistencia frente a la opresión, apelando a las emociones y los ideales de aquellos que buscan un mundo más justo.

A través de un análisis profundo de las tácticas de manipulación y propaganda, este libro explora cómo los "tontos útiles" no solo surgen en países donde la información está controlada, sino también en naciones democráticas como Estados

Unidos. Se examinan ejemplos específicos de la diáspora cubana, donde muchos jóvenes, a pesar de huir de la represión, caen en narrativas que favorecen al régimen del cual escaparon. También se presentan historias de resistencia, de aquellos que lograron liberarse de las cadenas del adoctrinamiento y han utilizado su voz para exponer las verdades que otros intentan ocultar.

Más allá de la denuncia, este libro es un llamado a la reflexión crítica. A lo largo de sus páginas, se invita al lector a cuestionar, a no aceptar las narrativas oficiales sin antes someterlas a un escrutinio riguroso. Se destaca el poder transformador de la educación crítica y el pensamiento independiente, herramientas fundamentales para protegernos de convertirnos en instrumentos de causas que no entendemos por completo.

En un mundo cada vez más polarizado y lleno de desinformación, es más importante que nunca estar alerta y preparados para detectar cuándo nuestras buenas intenciones están siendo utilizadas para fines oscuros. Este libro ofrece una guía para evitar caer en esa trampa, instando a cada uno de nosotros a ser guardianes de la verdad y defensores de la libertad, no solo para nosotros mismos, sino para las generaciones que vienen.

— *El autor*

CAPITULO 1

Los Tontos Útiles: Definición y Origen Histórico

El término "tonto útil" ha sido una expresión de gran relevancia en los discursos políticos desde la Guerra Fría. Aunque es difícil rastrear su origen exacto, se suele atribuir de manera informal a Vladimir Lenin, líder de la Revolución Bolchevique de 1917. En este contexto, "tonto útil" describe a aquellas personas que, por ingenuidad o desconocimiento, apoyan ideologías o movimientos totalitarios bajo la creencia de que están contribuyendo a una causa justa, cuando en realidad están sirviendo a los intereses de líderes autoritarios o a agendas que no comprenden en su totalidad.

Este concepto ha trascendido en el tiempo y se ha usado para describir a aquellos que, a lo largo de la historia, han defendido gobiernos y movimientos opresivos, sin ser conscientes de las implicaciones más profundas de sus actos. Durante la Guerra Fría, el término fue popularizado para referirse a intelectuales occidentales que simpatizaban con los regímenes comunistas de la Unión Soviética, China y Cuba, sin entender las violaciones de derechos humanos y las represiones internas de esos gobiernos.

Sin embargo, el uso de "tonto útil" no se limita a regímenes comunistas. En contextos contemporáneos, también se ha utilizado para describir a aquellos que apoyan movimientos populistas o radicales sin entender completamente las dinámicas de poder subyacentes. La manipulación ideológica, la propaganda y la falta de pensamiento crítico son componentes clave en la construcción de "tontos útiles".

El origen del término "tonto útil.

El origen del término "tonto útil" es atribuido erróneamente como ya se dijo a Lenin, aunque no hay evidencia documentada que lo vincule directamente con esta frase. No obstante, la esencia del concepto ya estaba presente durante la Revolución Bolchevique de 1917. Durante este periodo, muchos intelectuales occidentales simpatizaron con el nuevo régimen comunista sin entender plenamente las violaciones a los derechos humanos y las purgas políticas que comenzaban a tomar forma bajo el liderazgo de Lenin y, posteriormente, de Stalin.

Se cree que el término fue popularizado durante la "Guerra Fría", cuando Estados Unidos y los países aliados utilizaron la expresión para describir a aquellos intelectuales, periodistas y figuras públicas que defendían el comunismo y las políticas de la Unión Soviética, creyendo que estaban promoviendo una causa noble. En realidad, muchos de estos defensores no tenían acceso a información completa sobre las atrocidades cometidas en la URSS, como las purgas de Stalin, la represión política, la hambruna del Holodomor y los campos de trabajo conocidos como Gulags.

En ese sentido, los "tontos útiles" eran individuos que, sin saberlo, estaban siendo manipulados por la propaganda soviética. Creían que estaban apoyando un sistema de igualdad y justicia, pero en realidad servían de portavoz involuntario para un régimen que oprimía y violaba los derechos de millones de personas. Esta estrategia de manipulación ideológica ha sido utilizada por muchos regímenes autoritarios a lo largo de la historia, y sigue siendo relevante en la política contemporánea.

La Revolución Rusa y los primeros "tontos útiles.

La Revolución Rusa de 1917 fue un punto de inflexión en la política mundial. Bajo el liderazgo de "Vladimir Lenin", los bolcheviques tomaron el poder, prometiendo justicia social, igualdad y un futuro sin explotación. Estas promesas atrajeron la simpatía de muchos intelectuales y activistas en Occidente, quienes vieron en la Revolución Rusa un modelo a seguir. Sin embargo, las realidades del régimen soviético distaban mucho de la utopía que se proyectaba al exterior.

Durante los primeros años de la Unión Soviética, varios intelectuales, periodistas y escritores occidentales visitaron el país para observar de primera mano los cambios sociales y políticos que se estaban llevando a cabo. Uno de los casos más notorios fue el del periodista "Walter Duranty", corresponsal del New York Times en Moscú durante las décadas de 1920 y 1930. Duranty, quien ganó el Premio Pulitzer por su cobertura de la Unión Soviética, minimizó las atrocidades cometidas por el régimen de Stalin, incluyendo la hambruna ucraniana (Holodomor) de 1932-1933, en la que murieron millones de personas.

A pesar de la evidencia de la represión política y las purgas masivas, Duranty y otros periodistas occidentales continuaron presentando una imagen positiva de la Unión Soviética. En retrospectiva, Duranty ha sido catalogado como uno de los "tontos útiles" más destacados, ya que sus informes sirvieron para validar las acciones del régimen soviético en el escenario internacional.

La Guerra Fría y el auge del término.

Uno de los casos más emblemáticos de "tontos útiles" durante la Guerra Fría fue el apoyo al régimen cubano de Fidel Castro. Tras la "Revolución Cubana" de 1959, Castro se presentó ante el mundo como un líder revolucionario que luchaba contra la injusticia y la opresión. Muchos intelectuales, artistas y activistas occidentales, incluidos figuras prominentes como Jean-Paul Sartre y Simone de Beauvoir, viajaron a Cuba y elogiaron el liderazgo de Castro, ignorando o minimizando las represiones políticas, la falta de libertades civiles y las ejecuciones sumarias que se llevaban a cabo bajo su régimen.

De manera similar, el guerrillero argentino Ernesto "Che" Guevara fue idealizado por una generación de jóvenes revolucionarios en todo el mundo, especialmente en América Latina. Aunque Guevara jugó un papel crucial en la consolidación del régimen comunista en Cuba y en la expansión de movimientos revolucionarios en África y América Latina, sus métodos brutales, que incluían ejecuciones sin juicio, fueron ignorados por muchos de sus seguidores, quienes lo veían como un símbolo de lucha contra la opresión.

El papel de la propaganda en la creación de "tontos útiles".

Uno de los factores clave en la creación de "tontos útiles" es la "propaganda". Los regímenes totalitarios, como la Unión Soviética, la China de Mao y el régimen cubano, han sabido utilizar estrategias de manipulación para ganar el apoyo de personas que, si estuvieran mejor informadas, podrían oponerse a sus políticas.

En la Unión Soviética, por ejemplo, la propaganda era omnipresente. El gobierno controlaba los medios de comunicación y presentaba una imagen distorsionada de la realidad para mantener el apoyo de la población y de simpatizantes extranjeros. Las visitas organizadas por el gobierno a la URSS para intelectuales y periodistas occidentales se diseñaban cuidadosamente para mostrar solo los aspectos positivos del régimen, mientras que se ocultaban las violaciones a los derechos humanos y las condiciones de vida deplorables en muchas partes del país.

De manera similar, en Cuba, el régimen de Castro ha utilizado la propaganda de manera efectiva para proyectar una imagen de resistencia frente al "imperialismo" estadounidense. A través del control de los medios de comunicación y la censura, el gobierno cubano ha presentado su revolución como un éxito, a pesar de las dificultades económicas y la represión política.

La propaganda también ha jugado un papel crucial en la creación de "tontos útiles" en el ámbito internacional. Mediante el uso de organizaciones y movimientos de solidaridad, los regímenes comunistas han logrado movilizar a simpatizantes en todo el mundo para que apoyen sus causas, sin que estos comprendan completamente las realidades de la vida bajo un sistema totalitario.

Los "tontos útiles" en el contexto contemporáneo.

Aunque el término "tonto útil" tiene su origen en la Guerra Fría, sigue siendo relevante en la política contemporánea. Hoy en día, el concepto se aplica a aquellos que apoyan movimientos populistas, tanto de izquierda como de derecha, sin entender completamente las dinámicas de poder que están en juego.

Por ejemplo, en el caso del "chavismo" en Venezuela, el régimen de Hugo Chávez y, posteriormente, de Nicolás Maduro, ha utilizado la propaganda para presentarse como un movimiento de justicia social y resistencia al "imperialismo". Muchos intelectuales y activistas internacionales han apoyado al gobierno venezolano, ignorando o minimizando las violaciones a los derechos humanos, la corrupción y la crisis humanitaria que enfrenta el país.

Sin embargo, con el tiempo, el régimen chavista se ha visto cada vez más envuelto en denuncias de corrupción, represión política, violaciones a los derechos humanos y una devastadora crisis económica. A pesar de las evidencias abrumadoras de las condiciones precarias en las que vive la mayoría de la población venezolana, muchos simpatizantes internacionales continúan defendiendo al régimen, negando o minimizando las críticas, argumentando que la oposición a Maduro es producto de una campaña de desinformación impulsada por intereses extranjeros, particularmente de Estados Unidos.

El fenómeno de los "tontos útiles" no es exclusivo de movimientos de izquierda. En el ámbito de la política de derecha, los movimientos populistas también han sabido aprovechar la manipulación de la información para atraer seguidores que, por falta de una comprensión crítica de la situación, apoyan políticas que no necesariamente les benefician. Por ejemplo, en varios países europeos y en Estados Unidos, los movimientos populistas de extrema derecha han logrado movilizar a sectores de la población a través de mensajes simplistas y nacionalistas, generando un apoyo popular basado en el miedo y la desinformación.

El ascenso de las redes sociales y el impacto de la "desinformación" en la política contemporánea han contribuido a la perpetuación de los "tontos útiles". En un mundo donde la información fluye rápidamente y sin control, muchas personas son manipuladas por noticias falsas, teorías conspirativas y propaganda disfrazada de opinión, lo que las lleva a apoyar movimientos y líderes que no necesariamente representan sus intereses.

El papel de la propaganda en la creación de "tontos útiles".

Uno de los componentes clave en la creación de los "tontos útiles" es la propaganda. A lo largo de la historia, los regímenes totalitarios y autoritarios han utilizado la propaganda para moldear la opinión pública y ganar el apoyo tanto de la población interna como de simpatizantes en el extranjero.

En la Unión Soviética, el régimen de Stalin perfeccionó el arte de la propaganda. A través de los medios de comunicación controlados por el Estado, el régimen proyectaba una imagen de progreso, justicia social y equidad. Las visitas guiadas a la URSS de intelectuales y periodistas occidentales fueron organizadas cuidadosamente para mostrar solo los aspectos positivos del régimen, mientras que las realidades de las purgas, las hambrunas y la represión política eran ocultadas. Esto permitió a muchos observadores extranjeros regresar a sus países de origen con una visión positiva de la Unión Soviética, reforzando la imagen que el gobierno quería proyectar.

En Cuba, el régimen de Fidel Castro también utilizó la propaganda de manera efectiva para promover su causa revolucionaria. A través del control de los medios de comunicación y la censura de opiniones disidentes, Castro proyectó la imagen de una revolución exitosa que resistía la influencia imperialista de los Estados Unidos. Esto le permitió ganar simpatizantes en todo el mundo, quienes vieron en Cuba un símbolo de resistencia y justicia social, mientras ignoraban las violaciones de derechos humanos, la represión política y la falta de libertades básicas que caracterizaban al régimen.

Hoy en día, la propaganda sigue siendo una herramienta poderosa, especialmente en la era de las redes sociales. Los regímenes autoritarios y populistas han adaptado sus tácticas de propaganda para aprovechar las plataformas digitales y difundir su mensaje a una audiencia global. Esto ha facilitado la creación de "tontos útiles" en todo el mundo, ya que muchas personas son manipuladas por información parcial o falsa, que les lleva a apoyar causas que no comprenden completamente.

Crítica y análisis del concepto de "tonto útil".

El término "tonto útil" ha sido criticado en algunas ocasiones por ser una expresión despectiva y simplista. Los críticos argumentan que, aunque algunas personas pueden apoyar movimientos sin una comprensión completa de sus implicaciones, no siempre se les debe juzgar como "tontos". Muchos de los individuos que caen en esta categoría lo hacen por razones idealistas y en un intento genuino de mejorar las condiciones sociales o políticas de sus países.

Además, en muchos casos, los "tontos útiles" no tienen acceso a información precisa o están sujetos a la manipulación de regímenes autoritarios que controlan los medios de comunicación y restringen la libertad de expresión. En otros casos, las personas que apoyan movimientos totalitarios lo hacen porque creen que están luchando por una causa justa, y solo con el tiempo llegan a comprender las verdaderas implicaciones de su apoyo.

Sin embargo, aunque el término pueda ser criticado, sigue siendo relevante para describir un fenómeno común en la política mundial: el uso de la manipulación y la desinformación para ganar el apoyo de personas que, si estuvieran mejor informadas, no respaldarían las causas que promueven. En este sentido, el concepto de "tonto útil" sigue siendo una herramienta útil para analizar cómo los movimientos autoritarios y totalitarios logran consolidar su poder y atraer simpatizantes en el escenario internacional.

El concepto de "tonto útil" ha perdurado a lo largo de la historia como una herramienta para entender cómo la manipulación ideológica y la propaganda han sido utilizadas por regímenes autoritarios para ganar el apoyo de individuos y grupos que, de otro modo, no habrían respaldado sus políticas. Desde los intelectuales occidentales que defendieron la Unión Soviética y Cuba sin comprender plenamente las violaciones de derechos humanos de esos regímenes, hasta los movimientos populistas contemporáneos que utilizan la desinformación para movilizar seguidores, los "tontos útiles" han jugado un papel crucial en la política mundial.

La clave para evitar convertirse en un "tonto útil" radica en el pensamiento crítico, el acceso a información precisa y la disposición a cuestionar las narrativas oficiales. En un mundo cada vez más dominado por la desinformación y la manipulación mediática, es más importante que nunca desarrollar la capacidad de discernir entre la propaganda y la realidad.

El fenómeno de los "tontos útiles" sigue siendo relevante en la política contemporánea, y su estudio es esencial para comprender cómo los movimientos autoritarios y totalitarios logran consolidar su poder. Al reflexionar sobre este concepto, podemos aprender lecciones valiosas sobre la importancia de la educación crítica, la libertad de expresión y el acceso a una información libre y no manipulada.

Capitulo 2

Caso Cuba. manipulación para sostener su poder

El planteamiento del caso cubano, desde la perspectiva de cómo el régimen manipula a diferentes grupos para sostener su poder, es un tema que abarca varios niveles de análisis, ya que el gobierno cubano ha desarrollado estrategias políticas, sociales y económicas que se han mantenido durante más de seis décadas.

1. Manipulación del discurso ideológico

El régimen cubano, desde la Revolución de 1959, ha usado la retórica socialista como base para su legitimidad. La idea de la lucha contra el imperialismo, el antiamericanismo y la promesa de una sociedad más igualitaria ha sido constantemente reiterada en los discursos oficiales. Esto ha permitido:

- "Crear un enemigo externo" (principalmente Estados Unidos), lo que desvía la atención de los problemas internos.

- "Promover una narrativa heroica y de resistencia" que justifica las dificultades económicas y la falta de libertades como un sacrificio necesario por un bien mayor.

- "Unificar el discurso público" bajo la bandera de la revolución, limitando el espacio para el disenso.

2. Control sobre la educación y los medios

Uno de los pilares del poder del régimen cubano ha sido el control absoluto sobre la educación y los medios de comunicación. A través de estos canales, el gobierno ha podido:

- "Moldear la percepción de la realidad", especialmente entre los jóvenes, presentando la Revolución como el único camino hacia la justicia social.

- "Restringir el acceso a información alternativa", creando una burbuja ideológica donde la narrativa del régimen es la única verdad válida.

- "Fomentar la lealtad" al sistema desde edades tempranas, inculcando valores revolucionarios y la figura de Fidel Castro como el gran líder histórico.

3. Represión de la disidencia

A lo largo de los años, el régimen cubano ha implementado un "sistema de represión" selectivo, dirigido tanto a individuos como a grupos que intentan desafiar el statu quo. Esto incluye:

- "Arrestos, detenciones arbitrarias y vigilancia constante" sobre opositores, artistas y periodistas independientes.

- "Coerción económica y social" para aquellos que critican al régimen, dificultando su acceso a empleo, educación y otros servicios básicos.

- "Campañas de descrédito" hacia opositores, acusándolos de traidores o mercenarios pagados por potencias extranjeras, con el fin de aislarlos del apoyo popular.

4. Manipulación económica

El gobierno cubano ha utilizado diversas tácticas para mantener un control férreo sobre la economía y garantizar la lealtad de ciertos sectores:

- "Racionamiento de alimentos y bienes básicos", lo que pone a la población en una situación de dependencia directa del Estado.

- "Dualidad monetaria" (CUC y CUP), que creó desigualdades económicas, pero también permitió al régimen mantener ciertos sectores de la economía bajo su control, mientras promovía una lealtad de sectores que acceden a moneda convertible.

- "Mecanismos de vigilancia laboral", donde los trabajos más lucrativos están bajo estricta supervisión estatal y se reservan para quienes muestran lealtad al régimen.

5. Uso de los "tontos útiles"

El concepto de los "tontos útiles" es clave en la estrategia del régimen cubano. Estos grupos, que incluyen tanto personas dentro de Cuba como simpatizantes en el extranjero, son manipulados a través de la propaganda para servir los intereses del régimen:

- "En el exterior", los "tontos útiles" suelen ser intelectuales, artistas o activistas que, seducidos por la narrativa romántica de la Revolución cubana, defienden al régimen en foros internacionales sin comprender la realidad del control y represión interna.

- "En el interior", son aquellos sectores de la población que, debido a la manipulación ideológica o la coerción económica, continúan apoyando al régimen, ignorando o justificando las violaciones a los derechos humanos y las carencias estructurales.

6. Manipulación de la diáspora cubana

La diáspora cubana también juega un papel en la estrategia del régimen:

- "Familiares en el extranjero" envían remesas que alivian las dificultades económicas en la isla, lo que, en última instancia, beneficia al régimen, pues disminuye la presión sobre el sistema económico interno.

- El régimen manipula la narrativa del exilio, presentando a los cubanos emigrados como personas que huyeron por razones económicas, pero no políticas, y trata de dividir a la diáspora mediante campañas de desinformación y medidas para fomentar el turismo y el envío de divisas a la isla.

7. Manipulación internacional

A nivel global, Cuba ha mantenido una estrategia efectiva de "diplomacia ideológica" y "cooperación médica", presentándose como un modelo a seguir en áreas como la salud y la educación, lo que le ha permitido obtener simpatías y apoyos diplomáticos a nivel internacional. El régimen explota esta imagen positiva mientras oculta la falta de libertades y la crisis interna que afecta a los ciudadanos cubanos.

En conclusión el régimen cubano ha logrado sostener su poder a lo largo de décadas a través de una compleja red de manipulaciones que abarcan múltiples áreas, desde el control ideológico y económico hasta la represión y la creación de narrativas que desvían la atención de los problemas internos. Los diferentes grupos manipulados, tanto dentro como fuera de Cuba, juegan un papel crucial en este sistema, lo que permite al régimen mantenerse a pesar de las crecientes dificultades económicas y sociales. La manipulación de los "tontos útiles", en particular, destaca como una táctica eficaz para generar apoyo, desviar las críticas y perpetuar la legitimidad del régimen.

CAPITULO 3

El adoctrinamiento en Cuba

En los albores de la Revolución Cubana, uno de los primeros y más perdurables pilares del nuevo régimen fue el control absoluto sobre la educación y los medios de comunicación. Lo que comenzó como un proyecto de cambio social y económico, pronto se convirtió en una maquinaria implacable de adoctrinamiento. Desde 1959, el gobierno cubano ha utilizado ambos frentes para moldear el pensamiento de sus ciudadanos, especialmente de las generaciones más jóvenes, perpetuando una única narrativa que enaltece al régimen y elimina cualquier disidencia o cuestionamiento. En este análisis, exploraremos cómo el sistema educativo y la propaganda estatal han sido las herramientas clave para consolidar el control del régimen.

El sistema educativo en Cuba fue rápidamente transformado en un instrumento de la Revolución. En las aulas no se impartía simplemente conocimiento académico; más bien, cada lección estaba impregnada de la ideología del gobierno. Desde los primeros niveles escolares hasta las universidades, los estudiantes eran bombardeados con un currículo que exaltaba la figura de Fidel Castro y sus compañeros revolucionarios, particularmente Ernesto "Che" Guevara. Estos hombres eran presentados no solo como héroes nacionales, sino como ejemplos morales indiscutibles, cuya visión había liberado a Cuba de las garras del imperialismo. No había espacio para la crítica o el debate; la Revolución se retrataba como la única vía legítima para el progreso y la justicia social.

Los maestros, lejos de ser meros educadores, se convirtieron en guardianes de la ideología estatal. Elegidos por su lealtad al régimen, no solo impartían matemáticas, literatura o historia, sino que también eran responsables de inculcar en sus estudiantes un sentido profundo de devoción hacia el socialismo. Cada clase se convertía en un acto de fidelidad hacia la Revolución. Las historias de resistencia y sacrificio eran repetidas una y otra vez, creando en los jóvenes una imagen casi mítica del pasado reciente de su país. Las figuras revolucionarias no eran solo parte del temario; se transformaban en parte del imaginario cotidiano de los estudiantes. Las aulas, decoradas con retratos de Fidel, el Che y otros líderes, servían como recordatorios constantes de quiénes habían salvado a la nación.

Pero el adoctrinamiento no se limitaba al contenido académico. Desde una edad temprana, los niños cubanos eran organizados en grupos como los Pioneros, donde participaban en actividades diseñadas para reforzar los valores revolucionarios. Los monumentos a los héroes de la Revolución se convertían en escenarios recurrentes de visitas y ceremonias, donde se rendía homenaje a la historia oficial. Estas actividades no solo creaban un sentido de unidad y lealtad hacia el Estado, sino que también eliminaban cualquier noción de pluralismo o diversidad de pensamiento. En este entorno, cualquier idea que no se ajustara a la narrativa oficial era vista con desconfianza y rechazo.

A la par de este sistema educativo, la propaganda jugaba un papel esencial en la perpetuación del régimen. Los medios de comunicación, bajo el control absoluto del gobierno, operaban como una extensión de la maquinaria educativa. No había lugar para la disidencia ni para la crítica; los periódicos, la televisión y la radio se dedicaban a resaltar los logros del socialismo, mientras minimizaban o ignoraban las crecientes dificultades económicas y las violaciones a los derechos humanos. Las noticias se centraban en el acceso universal a la salud y la educación, dejando fuera de foco las largas filas para conseguir alimentos o la falta de libertades civiles. Cualquier intento de protesta o crítica interna era rápidamente desacreditado, y los disidentes eran retratados como traidores al servicio de potencias extranjeras, particularmente Estados Unidos.

Además de los medios de comunicación, el arte y la cultura también fueron instrumentalizados para servir al régimen. El cine, la música y la literatura se convirtieron en vehículos para transmitir los ideales revolucionarios. Películas y canciones exaltaban el heroísmo del pueblo cubano y la resistencia frente al imperialismo, mientras que los artistas que se atrevían a cuestionar el sistema eran reprimidos o marginados. Aquellos que alineaban su obra con los intereses del Estado recibían el apoyo del gobierno, mientras que los demás enfrentaban censura y ostracismo.

La propaganda no solo estaba destinada a controlar el discurso interno, sino que también tenía un objetivo claro en el escenario internacional. El gobierno cubano, consciente de la importancia de proyectar una imagen positiva al mundo, utilizaba su sistema de salud como un emblema de los logros del socialismo. La exportación de médicos y la ayuda humanitaria a otros países servía para mejorar la reputación del régimen y desviar la atención de las crecientes tensiones internas. De esta manera, mientras los cubanos enfrentaban restricciones y privaciones, el mundo veía en Cuba un modelo de solidaridad y éxito socialista.

A través de estas tácticas, el régimen cubano no solo ha mantenido su control sobre el poder, sino que ha creado una realidad paralela para sus ciudadanos. En esta realidad, la Revolución ha sido la salvadora de la nación, el socialismo es la única vía legítima para el desarrollo, y cualquier crítica es vista como una traición al pueblo. Esta construcción de una realidad alternativa ha sido tan efectiva que, para muchos cubanos, es difícil discernir entre los hechos y la narrativa oficial. El régimen ha conseguido, a través de décadas de adoctrinamiento y propaganda, que una gran parte de la población acepte esta versión distorsionada de la realidad como la única verdad posible.

En resumen, el sistema educativo y la propaganda han sido las herramientas más poderosas del régimen cubano para consolidar su control sobre la población. A través de un adoctrinamiento constante y sistemático, el gobierno ha logrado mantener una narrativa oficial que justifica su permanencia en el poder, neutraliza la crítica interna y proyecta una imagen positiva al exterior. Sin embargo, esta maquinaria de control ha generado una desconexión entre la realidad objetiva y la percepción de los cubanos, permitiendo que el régimen continúe en el poder a pesar de las crecientes tensiones y desafíos que enfrenta la nación.

CAPITULO 4

La falta de acceso a información externa y cómo esto condiciona el pensamiento de las nuevas generaciones.

La falta de acceso a información externa en Cuba ha sido uno de los mecanismos más efectivos y dañinos utilizados por el régimen para controlar el pensamiento de las nuevas generaciones. Desde los primeros años de la Revolución, el gobierno cubano ha impuesto estrictas restricciones a la información, limitando el acceso a fuentes externas que puedan desafiar la narrativa oficial. Este aislamiento informativo ha condicionado profundamente la percepción del mundo de los jóvenes cubanos, quienes crecen con una visión sesgada y controlada de la realidad.

El control sobre los medios de comunicación y la censura sistemática han asegurado que la mayoría de los cubanos solo reciban la versión de los hechos aprobada por el Estado. En la era de la globalización, donde la información fluye libremente en gran parte del mundo, los cubanos enfrentan severas barreras para acceder a Internet y a medios de comunicación internacionales. Las pocas fuentes de información extranjera que llegan a la isla son filtradas y manipuladas para ajustarse a los intereses del régimen.

Esto crea una especie de "burbuja informativa" en la que los ciudadanos, especialmente los jóvenes, solo tienen acceso a la realidad que el gobierno quiere que perciban.

Este aislamiento tiene consecuencias profundas. Las nuevas generaciones en Cuba no solo desconocen los acontecimientos que suceden en el resto del mundo, sino que también carecen de la capacidad de contrastar la información que reciben con otras perspectivas. Al no tener acceso a puntos de vista alternativos, se ven obligados a aceptar como verdad lo que se les presenta a través de los medios estatales. Esta falta de diversidad informativa condiciona su capacidad para cuestionar y criticar la situación en su propio país, lo que fortalece aún más el control del régimen sobre sus mentes.

Uno de los aspectos más preocupantes de esta situación es el impacto que tiene en la formación de opiniones políticas y sociales. Los jóvenes cubanos crecen en un entorno donde el socialismo y la Revolución son las únicas opciones posibles, mientras que el capitalismo y las democracias occidentales son demonizados. La falta de acceso a otras fuentes de información les impide ver los problemas y limitaciones del sistema socialista, al tiempo que les niega la posibilidad de explorar otras alternativas políticas y económicas. Esta limitación en su capacidad para formar opiniones informadas los convierte en víctimas del adoctrinamiento estatal.

El acceso restringido a Internet ha sido una de las herramientas clave del régimen para mantener este control. Aunque en los últimos años ha habido un aumento en la disponibilidad de Internet en Cuba, sigue siendo limitado y costoso, lo que coloca esta herramienta fuera del alcance de muchos ciudadanos. Además, los sitios web que contienen contenido crítico o disidente están bloqueados, y el uso de redes sociales está vigilado por el gobierno. Los jóvenes que intentan acceder a información externa enfrentan no solo barreras tecnológicas, sino también el riesgo de represalias por parte del Estado.

Esta falta de acceso a información externa no solo afecta el pensamiento político de las nuevas generaciones, sino que también limita su visión del mundo en otros aspectos. En áreas como la cultura, la ciencia y la tecnología, los jóvenes cubanos se encuentran aislados de los avances y tendencias globales. Esto crea una desconexión entre la realidad que experimentan dentro de la isla y el progreso que ocurre en el resto del mundo. Mientras otros países avanzan en términos de innovación y desarrollo, los cubanos quedan rezagados, atrapados en una realidad que el régimen les presenta como la única posible.

Sin embargo, a pesar de los esfuerzos del régimen para controlar la información, las nuevas generaciones han encontrado maneras de desafiar este aislamiento. La llegada de dispositivos como los teléfonos móviles y las redes sociales, aunque limitadas, ha permitido a algunos jóvenes cubanos acceder a información del exterior, intercambiar ideas y conectarse con el mundo. El "paquete semanal", una recopilación de contenido digital que se distribuye de manera informal, ha sido otra vía para que los cubanos accedan a películas, noticias y otros contenidos que no están disponibles a través de los canales oficiales.

Este acceso parcial y clandestino a información externa ha comenzado a plantar semillas de duda entre algunos jóvenes, quienes ven una realidad diferente a la que les han enseñado. A pesar de los esfuerzos del régimen por mantener su control, el flujo de información, aunque limitado, ha demostrado ser un desafío creciente para el adoctrinamiento estatal. Las nuevas generaciones, aunque condicionadas por la falta de acceso a fuentes externas, están comenzando a cuestionar la narrativa oficial y a buscar nuevas formas de entender el mundo.

En conclusión, la falta de acceso a información externa ha sido un factor clave en la estrategia del régimen cubano para mantener el control sobre el pensamiento de las nuevas generaciones. Este aislamiento informativo ha condicionado la visión de la realidad de los jóvenes, limitando su capacidad para criticar el sistema y explorar alternativas. Sin embargo, a medida que la tecnología avanza y los jóvenes encuentran formas de acceder a fuentes de información externas, el control del régimen enfrenta nuevos desafíos, abriendo la posibilidad de un despertar gradual entre las nuevas generaciones cubanas.

La falta de información en la creación de los "tontos útiles".

La creación de los "tontos útiles" en el contexto cubano es un fenómeno que está profundamente vinculado al adoctrinamiento masivo y a la falta de acceso a información externa. Estos "tontos útiles" son individuos que, sin necesariamente ser conscientes de ello, se convierten en defensores y promotores de un régimen que, en última instancia, los utiliza para perpetuar su poder. Este concepto puede integrarse perfectamente con el análisis del sistema de control ideológico en Cuba, especialmente en cuanto a cómo las nuevas generaciones son condicionadas desde jóvenes para convertirse en peones del sistema, tanto dentro como fuera de la isla.

Desde los primeros días de la Revolución, el régimen cubano ha diseñado un sistema educativo que no solo busca adoctrinar a sus ciudadanos, sino también producir individuos que, una vez formados bajo la tutela ideológica del Estado, actúen como propagadores involuntarios del sistema, tanto a nivel local como internacional. Este proceso empieza desde la infancia, donde los niños son expuestos a una versión filtrada y manipulada de la realidad, y se fortalece a lo largo de su vida escolar, convirtiéndolos en fieles creyentes de los valores revolucionarios.

Dentro de Cuba, estos "tontos útiles" se manifiestan en varios estratos de la sociedad. En primer lugar, están los jóvenes que, tras años de adoctrinamiento, no conocen otra realidad más allá de la que les ha sido impuesta por el régimen. Sin acceso a fuentes externas de información, crecen aceptando la narrativa oficial como la única verdad posible. Estos individuos, aunque sufren las mismas privaciones y limitaciones que el resto de la población, tienden a justificar las políticas del gobierno, repitiendo los mismos argumentos que les han inculcado: que el embargo es el culpable de todos los males, que el sistema socialista es superior a cualquier alternativa y que cualquier crítica al régimen es un acto de traición a la patria.

Estos jóvenes, a menudo con buenas intenciones, se convierten en "tontos útiles" del sistema. Al no tener acceso a una visión crítica o alternativas informativas, repiten y refuerzan las narrativas del régimen, convencidos de que están defendiendo algo justo y necesario. En su mente, las dificultades económicas, la falta de libertad de expresión y las restricciones cotidianas son sacrificios necesarios para proteger la soberanía nacional y los logros de la Revolución.

El adoctrinamiento no solo crea "tontos útiles" dentro de Cuba, sino que también los exporta. Muchos de los cubanos que emigran a otros países, especialmente aquellos formados bajo el sistema educativo revolucionario, llevan consigo la ideología que han absorbido durante años. En el extranjero, algunos de ellos, en lugar de criticar o distanciarse del régimen que los llevó a exiliarse, continúan defendiendo al gobierno cubano. Esto se debe a que, en muchos casos, no han tenido acceso a una visión crítica o a fuentes de información que les permitan reevaluar la realidad que vivieron. Este fenómeno ha sido especialmente notable entre ciertos grupos de cubanos que, aunque residen en países con mayor libertad de prensa y acceso a información, continúan actuando como defensores del régimen.

El uso de los "tontos útiles" no se limita al ámbito ideológico interno, sino que el régimen cubano ha sido hábil en utilizar esta estrategia a nivel internacional. A través de la exportación de médicos, profesionales y brigadas de cooperación, Cuba ha logrado proyectar una imagen positiva en el extranjero, mientras que los individuos que participan en estas misiones, a menudo, sin darse cuenta, refuerzan la narrativa oficial de los logros revolucionarios. Muchos de estos "tontos útiles" creen que están participando en un esfuerzo altruista y humanitario, sin reconocer que están siendo utilizados para mejorar la imagen del régimen y desviar la atención de los problemas internos del país.

El caso de los "tontos útiles" es especialmente visible en la diplomacia cultural y académica. En universidades y círculos intelectuales fuera de Cuba, ha habido figuras que, sin ser directamente parte del régimen, han adoptado y promovido su narrativa, en muchos casos sin un conocimiento profundo de la realidad cubana. Estos intelectuales, activistas o simpatizantes extranjeros, fascinados por la retórica antiimperialista y los supuestos logros sociales de la Revolución, se convierten en defensores del régimen, sin tener una visión completa de las violaciones de derechos humanos, la censura y la represión que existen en la isla. De esta manera, el régimen cubano ha logrado crear una red global de "tontos útiles" que, de forma inconsciente, legitiman y promueven su agenda.

La combinación del adoctrinamiento interno y la falta de acceso a fuentes externas de información ha creado generaciones de cubanos que, en muchos casos, se convierten en "tontos útiles" del sistema, incapaces de ver más allá de la narrativa que les ha sido impuesta. Estos individuos, tanto dentro como fuera de Cuba, son el producto de un sistema diseñado para perpetuar una única visión del mundo, eliminando la posibilidad de una crítica real y sofocando cualquier intento de disidencia.

La creación de esta realidad paralela, donde el socialismo es la única opción viable y la Revolución es el pináculo de la justicia social, ha permitido al régimen mantener su control a lo largo de las décadas. Los "tontos útiles", ya sea por convencimiento o por falta de alternativas informativas, se convierten en los defensores más fervientes del sistema, sin darse cuenta de que están siendo utilizados para perpetuar una estructura que, en última instancia, les oprime.

En definitiva, la manipulación de la información y el aislamiento informativo han sido claves en la creación de los "tontos útiles" en Cuba. Este fenómeno, que tiene sus raíces en el sistema educativo y la propaganda, continúa condicionando el pensamiento de las nuevas generaciones, perpetuando un ciclo en el que muchos cubanos, aunque no se benefician directamente del régimen, lo defienden y lo legitiman. Esta dinámica no solo fortalece el control interno del gobierno, sino que también extiende su influencia más allá de las fronteras de la isla, utilizando a los "tontos útiles" como peones en su estrategia de supervivencia política.

CAPITULO 5

La migración a Estados Unidos

El viaje de los jóvenes cubanos hacia Estados Unidos en busca de libertad y oportunidades ha sido, durante décadas, una constante en la historia contemporánea de Cuba. Para muchos, Estados Unidos representa un faro de esperanza, un lugar donde las restricciones del régimen comunista quedan atrás, y se abre la puerta a una vida de posibilidades ilimitadas. Sin embargo, este viaje, tanto físico como emocional, está marcado por profundos desafíos. Los jóvenes cubanos no solo deben enfrentarse a los peligros inherentes a una travesía arriesgada, sino que también se encuentran con una serie de obstáculos al llegar a suelo estadounidense: el choque cultural, la barrera del idioma, la falta de preparación académica y profesional, y la persistente influencia de las narrativas del régimen cubano, que sigue presente incluso después de haber cruzado fronteras.

Desde los primeros días del régimen de Fidel Castro, la juventud cubana ha estado atrapada en un sistema que limita su acceso a la información, al mercado global y a las oportunidades de crecimiento personal. En Cuba, el gobierno mantiene un estricto control sobre casi todos los aspectos de la vida diaria. La educación, aunque accesible, está impregnada de propaganda y orientada a servir los intereses del estado. La libertad de expresión es casi inexistente, y aquellos que se atreven a cuestionar el régimen son castigados o silenciados. Ante esta realidad, no es sorprendente que muchos jóvenes sueñen con huir, con escapar a un lugar donde puedan ser libres de pensar, hablar y actuar según sus propios términos.

El viaje hacia Estados Unidos suele comenzar con una decisión difícil: dejar atrás a la familia, los amigos y el país natal. Para algunos, esto implica despedidas permanentes, ya que la posibilidad de regresar a Cuba bajo el régimen actual es prácticamente nula. Además, el viaje en sí está plagado de riesgos. Los jóvenes cubanos han tomado diversas rutas a lo largo de los años, desde peligrosos trayectos en balsas improvisadas a través del estrecho de Florida, hasta largas travesías a pie, cruzando varios países en su camino hacia el norte. En estos viajes, muchos enfrentan el hambre, la sed, la violencia y la incertidumbre de si lograrán alcanzar su destino.

Una vez en Estados Unidos, los jóvenes cubanos se enfrentan a un nuevo conjunto de desafíos. Uno de los más inmediatos es el choque cultural. Aunque comparten con los estadounidenses una lengua común (el español) y una historia de migración, la cultura cubana, moldeada por décadas de aislamiento, es muy diferente. Los jóvenes cubanos deben aprender rápidamente a adaptarse a un entorno donde las libertades individuales son ampliamente valoradas, pero también donde la competencia y la responsabilidad personal juegan un papel central. Esto puede ser un cambio abrumador para quienes han crecido en una sociedad donde el estado dicta las reglas y controla casi todos los aspectos de la vida cotidiana.

La barrera del idioma es otro obstáculo importante. Aunque muchos jóvenes cubanos aprenden algo de inglés en la escuela, su dominio del idioma suele ser limitado al llegar a Estados Unidos. Esto afecta su capacidad para integrarse rápidamente en la sociedad, encontrar empleo o acceder a la educación superior. El inglés es esencial para navegar el sistema educativo, acceder a mejores empleos y, en general, tener éxito en un país donde la competencia es feroz. Muchos jóvenes cubanos se ven obligados a trabajar en empleos mal remunerados, lejos de las expectativas que tenían al dejar su país, lo que genera frustración y desilusión.

Además, la falta de preparación académica y profesional que muchos jóvenes cubanos traen consigo es un desafío significativo. El sistema educativo cubano, si bien ofrece acceso universal, no está orientado a formar a los estudiantes para competir en un mercado global. Las áreas tecnológicas, de innovación y empresariales están desatendidas, ya que el régimen prefiere centrarse en la formación de profesionales que sirvan al estado en roles controlados, como la medicina o la educación. Esto coloca a los jóvenes cubanos en desventaja cuando intentan acceder a las universidades o a los empleos en Estados Unidos, donde se espera un nivel de habilidades técnicas y académicas más alto.

Para aquellos que logran obtener títulos en Cuba, el proceso de homologación en Estados Unidos es largo y complicado, lo que obliga a muchos a comenzar de nuevo en áreas en las que no tienen experiencia o interés. Esto refuerza la sensación de haber retrocedido, en lugar de avanzar, al haber dejado su tierra natal.

Un aspecto menos visible, pero igualmente importante, es la persistencia de las narrativas del régimen cubano entre algunos jóvenes, incluso después de haber emigrado. El poder de la propaganda cubana es profundo. Durante décadas, el régimen ha inculcado en sus ciudadanos una visión del mundo en la que el sistema comunista es superior y los problemas que enfrentan son culpa de "enemigos externos", principalmente Estados Unidos. Aunque muchos jóvenes emigran en busca de mejores oportunidades, no todos logran liberarse de estas ideas. Algunos continúan creyendo en las narrativas del régimen, defendiendo, por ejemplo, las políticas de igualdad social o criticando el sistema capitalista, a pesar de haber abandonado su país para escapar de las restricciones que estas políticas imponen.

La influencia de estas narrativas no solo proviene del régimen en Cuba, sino también de ciertos grupos dentro de la diáspora cubana en Estados Unidos. Hay sectores que mantienen lealtades al gobierno cubano o que, por lo menos, no condenan abiertamente las políticas del régimen. Estos grupos pueden ejercer presión sobre los jóvenes recién llegados, perpetuando ideologías que siguen alineadas con los principios del comunismo cubano. Para algunos, este choque entre la realidad de su nueva vida en Estados Unidos y las ideas que han sostenido durante tanto tiempo puede generar una crisis de identidad.

En este contexto, surge el fenómeno de los "tontos útiles", aquellos jóvenes que, aunque bien intencionados, se convierten en herramientas de manipulación política. Estos jóvenes, que a menudo carecen de una comprensión profunda de las dinámicas políticas internacionales, son fácilmente influenciables por discursos populistas o narrativas que presentan una visión distorsionada de la realidad. Las redes sociales y los medios de comunicación juegan un papel crucial en este proceso, al amplificar voces que continúan promoviendo ideas afines al régimen cubano, a menudo bajo el disfraz de justicia social o igualdad.

Sin embargo, no todo es pesimismo en la travesía de los jóvenes cubanos. A pesar de los desafíos, muchos de ellos logran sobreponerse y encontrar el éxito en Estados Unidos. La resiliencia de estos jóvenes es notable. Después de todo, han sobrevivido a un régimen represivo y a un viaje peligroso en busca de libertad. Esta capacidad para superar obstáculos los impulsa a aprovechar al máximo las oportunidades que se les presentan en su nuevo hogar.

Historias de jóvenes cubanos que han logrado sobresalir abundan en todo Estados Unidos. Desde empresarios que han fundado sus propias compañías hasta artistas que han ganado reconocimiento internacional, estos jóvenes demuestran que, con determinación y esfuerzo, es posible superar las barreras que inicialmente parecen insuperables. Su éxito no solo es personal, sino que también contribuye al enriquecimiento de la sociedad estadounidense, al aportar diversidad cultural, nuevas ideas y una ética de trabajo basada en la superación de la adversidad.

Estos jóvenes también tienen un papel crucial en la transformación futura de Cuba. Aunque han dejado la isla, muchos de ellos mantienen un profundo amor por su país y sueñan con un día poder regresar a una Cuba libre y democrática. Mientras tanto, desde el extranjero, continúan abogando por los derechos humanos y las libertades fundamentales, utilizando sus plataformas para denunciar las injusticias y presionar por el cambio.

En última instancia, el viaje de los jóvenes cubanos a Estados Unidos es un testimonio de la búsqueda universal de libertad y oportunidades. Aunque el camino es largo y está lleno de obstáculos, su historia es una de esperanza, resiliencia y la creencia inquebrantable en que un futuro mejor es posible, tanto para ellos como para las generaciones venideras en Cuba.

CAPITULO 6

Los "tontos útiles" en Estados Unidos

En Estados Unidos, el fenómeno de los "tontos útiles" ha sido una realidad que ha acompañado distintas épocas de la historia, reflejando una tendencia recurrente en la política internacional. Este término, utilizado para describir a individuos o grupos que, sin ser conscientes del alcance de sus acciones, terminan apoyando agendas políticas que van en contra de sus propios intereses, se ha popularizado en el contexto del comunismo y, más específicamente, en relación con el régimen cubano. En la actualidad, aunque el término pueda sonar peyorativo, no deja de describir un fenómeno muy presente en la sociedad estadounidense: personas o movimientos que, a menudo con buenas intenciones, promueven o defienden ideologías que terminan beneficiando a regímenes autoritarios, como el cubano, o a movimientos con tintes antidemocráticos.

Para comprender este fenómeno en el contexto actual, es necesario identificar primero a los grupos y movimientos que, aunque operan bajo la bandera de los valores democráticos, sin darse cuenta, impulsan agendas que favorecen a ideologías que están en clara contradicción con los principios que ellos mismos promueven. Entre estos grupos se encuentran algunas facciones de movimientos sociales progresistas, organizaciones académicas e incluso ciertas corrientes dentro de los medios de comunicación. Lo paradójico es que muchos de estos actores, bajo la premisa de la lucha por los derechos humanos, la justicia social o la igualdad, terminan defendiendo causas que refuerzan la narrativa de regímenes como el cubano, que han demostrado sistemáticamente violar estos mismos principios.

Uno de los primeros elementos que debemos considerar es cómo estos movimientos y grupos llegan a promover, de manera involuntaria, ideologías o regímenes que, en teoría, contradicen los valores democráticos que defienden. Para entender esta dinámica, es esencial analizar el contexto social y político en el que operan. En los últimos años, ha habido un resurgimiento del discurso antiimperialista, en parte debido a los excesos y fallas de la política exterior de Estados Unidos a lo largo de la historia. En particular, la Guerra Fría dejó una huella indeleble en el imaginario colectivo de muchos países y movimientos, incluyendo en los propios Estados Unidos. Este legado ha generado una desconfianza hacia las intervenciones estadounidenses en el extranjero y, como resultado, algunos grupos han adoptado posturas críticas no solo hacia las políticas imperialistas, sino también hacia cualquier régimen o país que se oponga a Estados Unidos.

Es en este contexto donde el régimen cubano ha sabido maniobrar con astucia. Desde su instauración, la Revolución Cubana ha sido presentada por sus líderes como una resistencia heroica contra el imperialismo estadounidense, una narrativa que ha sido absorbida y replicada por muchos sectores progresistas en Estados Unidos. Esta visión, aunque simplista, ha sido eficaz al movilizar a individuos y grupos que ven en la Revolución Cubana un símbolo de resistencia frente a lo que perciben como la opresión de las grandes potencias. Estos grupos, en su deseo de desafiar las políticas hegemónicas de Estados Unidos, muchas veces se encuentran defendiendo, ya sea directamente o a través de su silencio, al régimen cubano y a otras ideologías afines.

A pesar de las claras evidencias de violaciones a los derechos humanos, represión política y falta de libertades fundamentales en Cuba, algunos sectores en Estados Unidos eligen ignorar o minimizar estos aspectos, justificando al régimen bajo el argumento de que es una reacción legítima a la interferencia extranjera. Así, movimientos que en su base se enfocan en la justicia social, como Black Lives Matter o ciertos grupos feministas radicales, han sido acusados en algunos casos de ser "tontos útiles" al apoyar de manera directa o indirecta la narrativa del régimen cubano. Esto no implica que todos los individuos o facciones dentro de estos movimientos respalden conscientemente al gobierno cubano, pero sí demuestra cómo ciertos discursos se alinean inadvertidamente con los intereses de regímenes autoritarios, legitimándolos de forma implícita.

Es importante recalcar que este fenómeno no se limita a las bases progresistas, sino que también se manifiesta en ámbitos académicos y mediáticos. En muchas universidades estadounidenses, especialmente en facultades de humanidades y ciencias sociales, se ha observado una tendencia a simpatizar con narrativas antioccidentales que, aunque críticas hacia las políticas imperialistas, omiten las atrocidades cometidas por regímenes como el cubano. Profesores y académicos influyentes, en su búsqueda de una comprensión crítica de la política global, a veces caen en la trampa de la idealización de movimientos que se oponen a Estados Unidos, sin cuestionar los valores o las prácticas de los gobiernos que representan. Esta tendencia ha sido aprovechada por el régimen cubano, que durante décadas ha cultivado una imagen romántica de la Revolución en ciertos círculos académicos, capitalizando el resentimiento histórico hacia las políticas exteriores estadounidenses.

En los medios de comunicación, aunque con menor frecuencia, también se ha visto esta inclinación. Algunos periodistas, en su afán por exponer los abusos del poder de Washington, terminan haciendo eco de la narrativa cubana, presentando una visión sesgada o incompleta de la realidad en la isla. Mientras denuncian los abusos cometidos por potencias capitalistas, pasan por alto las represiones del régimen cubano, contribuyendo así a la perpetuación de una visión distorsionada de la realidad cubana y favoreciendo, de manera involuntaria, la agenda del régimen.

Sin embargo, la pregunta que surge es: ¿por qué estos grupos apoyan causas que, en teoría, contradicen sus propios valores democráticos? La respuesta no es simple y requiere una evaluación profunda de las motivaciones y el contexto en el que operan estos actores. En muchos casos, la desinformación juega un papel crucial. La falta de acceso a fuentes imparciales o la sobreexposición a medios y discursos que solo presentan una cara de la moneda pueden generar una visión distorsionada de la realidad. Muchos de estos individuos o grupos no son conscientes de la magnitud de las violaciones a los derechos humanos en Cuba o de la represión política que sufren sus ciudadanos, debido a que el régimen cubano ha sido hábil en controlar la información que sale de la isla y en proyectar una imagen favorable en el extranjero.

Otro factor importante es la tendencia a la idealización de las luchas antiimperialistas. En muchos movimientos sociales, especialmente aquellos que luchan por la justicia social, existe un deseo inherente de identificarse con causas que desafíen el poder establecido. En este sentido, el régimen cubano ha sabido explotar este sentimiento, posicionándose como un faro de resistencia frente al imperialismo estadounidense. Esta narrativa, aunque manipuladora, resuena con aquellos que ven en Estados Unidos un símbolo de opresión global, lo que lleva a algunos a pasar por alto las contradicciones evidentes entre los valores que defienden y las prácticas del régimen cubano.

Históricamente, el uso de "tontos útiles" ha sido una táctica común en regímenes autoritarios de todo el mundo. Durante la Guerra Fría, tanto la Unión Soviética como otros países del bloque comunista emplearon esta estrategia para ganar apoyo en el extranjero. En Europa Occidental, por ejemplo, intelectuales de renombre como Jean-Paul Sartre o Simone de Beauvoir defendieron abiertamente a la Unión Soviética, minimizando las atrocidades del estalinismo y apoyando la idea de que el comunismo representaba un futuro mejor para la humanidad. Estos intelectuales, aunque genuinamente comprometidos con la causa de la justicia social, terminaron siendo instrumentos involuntarios de la propaganda soviética.

De manera similar, en América Latina, muchos movimientos de izquierda apoyaron ciegamente a la Revolución Cubana en sus primeros años, ignorando las crecientes señales de represión y control totalitario. Líderes políticos, estudiantes y organizaciones sociales en países como Chile, Argentina y México, a menudo caían en la narrativa revolucionaria, sin cuestionar los abusos que ocurrían dentro de la isla. Este fenómeno no solo sirvió para fortalecer la imagen de la Revolución en el extranjero, sino que también ayudó a consolidar el poder del régimen cubano, que se presentó como el bastión de la resistencia frente al capitalismo global.

El uso de "tontos útiles" no es exclusivo del comunismo. En otras partes del mundo, regímenes autoritarios de derecha también han utilizado esta táctica para promover sus agendas. Durante el auge del fascismo en Europa, por ejemplo, se reclutaron a intelectuales, artistas y figuras públicas que, aunque no eran fascistas en sí mismos, simpatizaban con ciertos aspectos del movimiento, como su oposición al comunismo o su defensa del nacionalismo. Estos individuos, sin darse cuenta, legitimaron regímenes autoritarios que luego cometieron atrocidades a gran escala.

El caso de los "tontos útiles" en Estados Unidos que, sin saberlo, promueven la agenda del régimen cubano, es un recordatorio de cómo la desinformación, la idealización y la falta de una comprensión crítica pueden llevar a personas bien intencionadas a apoyar causas que van en contra de sus propios valores. En un mundo cada vez más polarizado y dominado por las narrativas simplistas, es esencial que los movimientos democráticos y progresistas se mantengan vigilantes y críticos, para evitar caer en las trampas de la manipulación política que buscan aprovecharse de sus buenas intenciones. Solo a través de una evaluación crítica y un compromiso con la verdad, será posible prevenir que más personas se conviertan en "tontos útiles" de regímenes y movimientos que, en última instancia, socavan los mismos principios de libertad y justicia que dicen defender.

CAPITULO 7

El Regreso Silencioso: Los Nuevos Tontos Útiles del Régimen Cubano

En el panorama migratorio cubano, hay un grupo particular de jóvenes que llegan a Estados Unidos buscando la residencia permanente, no tanto para abrazar la libertad o el estilo de vida democrático que ofrece el país, sino con un objetivo diferente en mente: regresar a Cuba lo antes posible, pero bajo mejores condiciones económicas y sociales. Estos jóvenes, entre los que se incluyen músicos, deportistas y figuras públicas, a menudo se convierten en una versión contemporánea de los "tontos útiles". Ansían la estabilidad que les proporciona la residencia estadounidense, mientras siguen siendo leales al régimen cubano o, al menos, evitan criticarlo abiertamente, contribuyendo a la narrativa que favorece a la dictadura.

El fenómeno es particularmente visible en la industria del entretenimiento y el deporte, donde muchos jóvenes cubanos aprovechan la visibilidad y las oportunidades que les brinda Estados Unidos para alcanzar el éxito internacional, mientras mantienen una relación ambigua con el régimen que los expulsó. Muchos de estos individuos son conscientes del atractivo que tienen para el público cubano y de la relevancia que tiene para su carrera el hecho de seguir vinculados a la isla. Así, se convierten en instrumentos de un sistema que continúa reprimiendo a miles de cubanos, muchos de los cuales no tienen la misma libertad para regresar, ya que el propio gobierno cubano les prohíbe la entrada a la isla.

El caso de los músicos cubanos es emblemático. Muchos artistas que emigran a Estados Unidos lo hacen buscando mejores oportunidades de promoción y libertad creativa. Sin embargo, tras establecerse en el país, sus acciones revelan una ambivalencia sorprendente hacia el régimen que les hizo emigrar. A menudo, estos músicos utilizan su nuevo estatus en Estados Unidos para promover giras en Cuba o mantener colaboraciones con artistas que viven bajo el control del régimen, evitando denunciar las injusticias que siguen ocurriendo en su país natal. Es común escuchar a algunos de estos artistas decir que "la política no debe mezclarse con la música", una frase que se ha convertido en una excusa para no posicionarse frente a un régimen que reprime la libertad de expresión y persigue a aquellos que critican al gobierno.

Este grupo de músicos, mientras busca obtener la residencia o la ciudadanía estadounidense, evita cualquier acto que pueda ser percibido como confrontación directa con el gobierno cubano. Saben que, para poder regresar a la isla y mantener sus vínculos culturales y económicos, deben evitar antagonizar al régimen. De este modo, se convierten en cómplices pasivos de un sistema que continúa oprimiendo a miles de cubanos, incluyendo a muchos artistas que no tienen la libertad de salir de la isla o expresarse sin censura. La ironía es que estos músicos, que en muchos casos disfrutan de la libertad que Estados Unidos les proporciona, no se atreven a usar esa libertad para denunciar las injusticias de las que fueron víctimas en su propio país.

Lo mismo ocurre con algunos deportistas cubanos que logran escapar del control del régimen para firmar contratos lucrativos en ligas internacionales, especialmente en el béisbol. Al igual que los músicos, muchos de estos deportistas evitan cualquier tipo de enfrentamiento con el régimen cubano. Aunque han huido de un sistema que limita su desarrollo profesional y controla sus ganancias, una vez que obtienen la residencia estadounidense, algunos optan por regresar a Cuba en sus momentos libres, disfrutando de su nuevo estatus económico sin expresar ningún tipo de crítica hacia las políticas que mantienen a otros deportistas cubanos en la miseria o incluso les impiden viajar fuera de la isla.

Este comportamiento no solo es una muestra de la desconexión de algunos jóvenes con la realidad política y social de su país, sino que también resulta profundamente insultante para los miles de cubanos que han sido desterrados o que no pueden regresar a su tierra natal debido a prohibiciones impuestas por el régimen. Para muchos exiliados cubanos, ver a estos jóvenes regresar a la isla, disfrutar de los beneficios que les proporciona su nuevo estatus económico y, en algunos casos, apoyar indirectamente al régimen, es una traición a los principios que muchos de ellos abrazaron al emigrar.

Esta situación también tiene implicaciones más amplias. Al no denunciar al régimen, estos jóvenes músicos y deportistas contribuyen, de manera involuntaria o no, a la normalización de un sistema que continúa oprimiendo a millones de cubanos. En lugar de usar su nueva plataforma para visibilizar las injusticias que ocurren en su país, optan por una estrategia de silencio que, en última instancia, favorece al régimen. El miedo a perder la oportunidad de regresar a Cuba o el deseo de mantener una buena relación con las autoridades de la isla los convierte en piezas clave de la maquinaria propagandística del gobierno, que utiliza su silencio o su presencia en la isla como una forma de legitimar su permanencia en el poder.

Este comportamiento también tiene un impacto negativo en la diáspora cubana en Estados Unidos, donde muchos ven con frustración y enojo cómo estos jóvenes, que gozan de los privilegios que otorga vivir en un país libre, eligen no alzar la voz en defensa de aquellos que no tienen las mismas oportunidades.

Para los exiliados políticos y los miles de cubanos a los que el gobierno les prohíbe regresar, la actitud de estos músicos y deportistas es vista como una falta de respeto y empatía hacia su sufrimiento. No se trata solo de un regreso físico a la isla, sino de un respaldo implícito a un régimen que continúa violando los derechos fundamentales de sus ciudadanos.

En conclusión, los jóvenes cubanos que llegan a Estados Unidos y, una vez obtenida la residencia, optan por regresar a Cuba sin criticar abiertamente al régimen, se convierten en "tontos útiles" en un sentido muy particular. Aunque se benefician de las libertades y oportunidades que les ofrece su nuevo país, su falta de posicionamiento crítico y su deseo de mantener vínculos con la isla los coloca en una posición ambigua que termina favoreciendo, directa o indirectamente, al régimen cubano. Mientras tanto, miles de cubanos siguen enfrentando las restricciones de un sistema que les prohíbe regresar a su tierra natal, y observan con amargura cómo estos jóvenes disfrutan de un privilegio que a ellos se les ha negado. Este fenómeno refleja las complejidades de la diáspora cubana y pone de relieve las tensiones entre los diferentes grupos de emigrantes, así como las contradicciones inherentes a la relación de algunos jóvenes cubanos con su país de origen y su futuro en Estados Unidos.

CAPITULO 8

La manipulación ideológica

La manipulación ideológica es una de las tácticas más poderosas que ha utilizado el régimen cubano para mantener su influencia no solo dentro de la isla, sino también en el extranjero. Desde el triunfo de la Revolución en 1959, el gobierno cubano, encabezado primero por Fidel Castro y luego por sus sucesores, ha sabido manejar un discurso que apela a la justicia social, el antiimperialismo y la lucha por los oprimidos, logrando reclutar a simpatizantes en todo el mundo. Este discurso ha sido replicado no solo en América Latina, sino también en países de Europa y Norteamérica, creando una red de apoyo que, a lo largo de los años, ha servido para legitimar y fortalecer al régimen en el escenario internacional. Lo que muchos no ven es que esta influencia no se limita solo a los seguidores ideológicos del comunismo, sino que también se extiende a los migrantes cubanos que, a pesar de haber huido de la isla, siguen siendo vulnerables a las tácticas de manipulación del régimen.

La clave del éxito de estas tácticas radica en su sofisticación. El régimen cubano ha sabido adaptarse a los cambios en la política global y en las dinámicas de comunicación. A lo largo de las décadas, ha perfeccionado un sistema de propaganda que, lejos de ser obsoleto, se ha modernizado con el uso de tecnologías digitales, redes sociales y la infiltración en movimientos sociales y académicos que simpatizan con la causa cubana. Este proceso de manipulación ideológica no solo afecta a aquellos que aún viven en la isla, sino también a los cubanos que han emigrado, especialmente a los jóvenes recién llegados a países como Estados Unidos, donde encuentran comunidades que, de una forma u otra, siguen reproduciendo las narrativas del régimen.

Para comprender cómo los jóvenes cubanos recién llegados pueden ser reclutados por movimientos que favorecen al régimen cubano, es esencial examinar las tácticas que el gobierno utiliza para influenciar a las comunidades de migrantes. Aunque muchos de estos jóvenes dejan Cuba buscando mejores oportunidades y una vida de mayor libertad, no siempre son conscientes de las complejidades políticas y sociales a las que se enfrentan al llegar a su nuevo país. Para algunos, el choque cultural y la adaptación a una nueva realidad puede ser tan abrumador que terminan buscando refugio en lo familiar: las comunidades cubanas que ya están establecidas en el extranjero. Aquí es donde comienza, de manera sutil pero efectiva, el proceso de manipulación ideológica.

El régimen cubano, a través de sus redes diplomáticas y culturales, ha creado y fomentado organizaciones y movimientos en el extranjero que se presentan como defensoras de los derechos de los migrantes y de la identidad cubana. Estas organizaciones, que a menudo operan bajo la bandera de la solidaridad con los pueblos latinoamericanos o el antiimperialismo, son en realidad herramientas del régimen para mantener su influencia entre los cubanos que han emigrado. Muchas de estas organizaciones tienen una presencia significativa en países como Estados Unidos, donde se insertan en comunidades de migrantes cubanos, ofreciendo apoyo a los recién llegados y promoviendo actividades culturales que, aunque parecen inofensivas, están impregnadas de la ideología del régimen.

En estos espacios, los jóvenes cubanos que acaban de llegar son recibidos con los brazos abiertos. Encuentran una comunidad que habla su idioma, comparte sus costumbres y parece comprender las dificultades que enfrentan al adaptarse a una nueva vida en el extranjero. Sin embargo, detrás de esta fachada de apoyo, se esconde una agenda que busca mantener a estos jóvenes atados, de alguna manera, a la ideología del régimen que los llevó a emigrar en primer lugar. Las narrativas de lucha antiimperialista, la glorificación de la Revolución y la presentación de Cuba como una víctima de las políticas estadounidenses son omnipresentes en estos espacios. A través de eventos culturales, charlas y redes sociales, se inculca en los recién llegados una visión del mundo en la que, aunque puedan estar agradecidos por las oportunidades que encuentran en Estados Unidos, no deben olvidar que su patria sigue siendo víctima de una agresión externa.

La manipulación ideológica no se limita a los espacios culturales o sociales. También se infiltra en las instituciones académicas y en los movimientos sociales más amplios en los que muchos jóvenes cubanos terminan participando. En universidades y organizaciones de derechos humanos, por ejemplo, el discurso del régimen cubano se mezcla con las narrativas de justicia social que son tan prevalentes en estos entornos. Los jóvenes que llegan a estos espacios, a menudo con una fuerte inclinación hacia la lucha por los derechos y la equidad, pueden encontrarse expuestos a una versión de la historia en la que Cuba aparece como un bastión de resistencia contra el imperialismo y la explotación capitalista. Esta narrativa, que omite las violaciones de derechos humanos y las restricciones a las libertades fundamentales dentro de la isla, puede resultar atractiva para aquellos que ya están predispuestos a simpatizar con causas progresistas.

Uno de los aspectos más insidiosos de esta manipulación es que no se presenta de manera directa. A diferencia de los sistemas de propaganda más burdos, que intentan imponer una visión única y rígida de la realidad, el régimen cubano ha aprendido a utilizar tácticas más sutiles para influir en los jóvenes migrantes. En lugar de exigir lealtad absoluta al régimen, estos movimientos y organizaciones promueven una ambigüedad ideológica que permite a los jóvenes criticar ciertos aspectos del gobierno cubano, mientras se les anima a defenderlo en otros contextos. Por ejemplo, un joven puede estar en desacuerdo con la falta de libertades civiles en Cuba, pero al mismo tiempo, se le enseña a justificar esa represión como una medida necesaria para proteger a la isla de la injerencia estadounidense. De este modo, los jóvenes se convierten en defensores involuntarios del régimen, sin siquiera darse cuenta de que están siendo manipulados.

Este proceso de reclutamiento ideológico no sería posible sin la activa participación de ciertos actores dentro de las comunidades de migrantes. Estas personas, ya sea por lealtad al régimen o por motivos económicos, juegan un papel crucial en la difusión de las narrativas del gobierno cubano entre los recién llegados. En muchos casos, estos actores operan como intermediarios entre el régimen y las comunidades en el extranjero, organizando eventos, difundiendo propaganda y ofreciendo asistencia a los jóvenes migrantes que buscan adaptarse a su nueva vida. Estos individuos, que a menudo tienen conexiones directas con las autoridades cubanas, utilizan su influencia dentro de la comunidad para promover la agenda del régimen, mientras se presentan como defensores de la cultura y la identidad cubanas.

Para los jóvenes cubanos que llegan a Estados Unidos, este proceso puede ser difícil de reconocer. Muchos de ellos han crecido en un sistema donde la propaganda es omnipresente, y aunque pueden haber escapado físicamente de la isla, siguen siendo vulnerables a las narrativas que han escuchado durante toda su vida. Además, el proceso de adaptación a un nuevo país puede ser desorientador y, en muchos casos, alienante. Enfrentar barreras lingüísticas, culturales y económicas puede hacer que los jóvenes se sientan perdidos, y es en estos momentos de vulnerabilidad cuando son más susceptibles a las tácticas de manipulación ideológica. Las organizaciones y movimientos que operan bajo el manto de la solidaridad y el apoyo a los migrantes les ofrecen una sensación de pertenencia, al mismo tiempo que los exponen a las narrativas del régimen.

No todos los jóvenes caen en esta trampa, por supuesto. Hay quienes, al llegar a Estados Unidos, desarrollan una comprensión crítica de las tácticas del régimen cubano y eligen rechazar cualquier intento de manipulación ideológica. Estos jóvenes, a menudo gracias a una mayor exposición a diferentes puntos de vista y a una educación más pluralista, logran distanciarse de las narrativas del régimen y abrazar los valores de libertad y democracia que ofrece su nuevo país. Sin embargo, el proceso no es fácil, y muchos enfrentan presiones tanto internas como externas para mantenerse en la línea de la narrativa oficial cubana.

En última instancia, la manipulación ideológica es una herramienta poderosa que el régimen cubano ha utilizado con gran eficacia para mantener su influencia entre los migrantes cubanos, especialmente entre los jóvenes que recién llegan a países como Estados Unidos. A través de una combinación de tácticas culturales, sociales y académicas, el régimen ha logrado crear un entorno en el que muchos de estos jóvenes terminan reproduciendo, de manera consciente o inconsciente, las narrativas que favorecen al gobierno cubano. Para contrarrestar esta influencia, es crucial que los jóvenes migrantes tengan acceso a información veraz y a una educación crítica que les permita cuestionar las narrativas que han sido impuestas por el régimen. Solo así podrán liberarse completamente de la sombra de la manipulación ideológica y abrazar los valores de libertad y justicia que buscaron al emigrar.

CAPITULO 9

La persistencia de las ideas

La persistencia de las ideas totalitarias y la propaganda en contextos democráticos como Estados Unidos, donde la libertad de expresión y el acceso a la información son amplios, es un fenómeno fascinante. A pesar de vivir en una sociedad donde los principios democráticos están profundamente arraigados, algunos sectores de la población, de manera inconsciente, siguen siendo vulnerables a estas ideologías. Los llamados "tontos útiles" son ejemplos vivos de cómo la manipulación ideológica puede sobrevivir y adaptarse incluso en democracias consolidadas, encontrando nuevas formas de influir a través de movimientos sociales, culturales y políticos.

En el caso de los "tontos útiles" que, sin darse cuenta, terminan favoreciendo regímenes autoritarios como el cubano, la clave de su captación y persistencia ideológica radica en la manera en que las narrativas totalitarias se adaptan a las preocupaciones contemporáneas. A menudo, estas ideologías no se presentan abiertamente como totalitarias, sino que se envuelven en discursos que apelan a la justicia social, la igualdad, la defensa de los derechos de los oprimidos y la resistencia frente a las grandes potencias. Estos temas resuenan profundamente, especialmente entre aquellos que sienten frustración o desencanto con el sistema capitalista o con las fallas de las democracias liberales.

Las ideologías totalitarias logran sobrevivir en democracias como la estadounidense al aprovechar la libertad de expresión que estas mismas sociedades les otorgan. En lugar de ser reprimidas, como ocurre en regímenes autoritarios, estas ideas pueden difundirse ampliamente en el espacio público, donde compiten con otras visiones del mundo. La diferencia radica en que estas ideologías se presentan de manera más sutil, bajo el disfraz de movimientos legítimos que abogan por cambios sociales, sin que muchos de sus seguidores sean conscientes de las implicaciones profundas de las ideas que están apoyando.

Aquí es donde entran en juego los "tontos útiles". En su deseo de defender causas justas, estos individuos terminan siendo utilizados como herramientas por movimientos que en realidad tienen una agenda totalitaria. Al abrazar narrativas que critican al sistema democrático o capitalista, sin tener en cuenta el contexto completo, estos "tontos útiles" terminan promoviendo ideologías que, en última instancia, socavan los mismos principios de libertad y democracia que dicen defender. Es un fenómeno que no solo ha ocurrido con el régimen cubano, sino que se ha visto en diversos contextos históricos con otras dictaduras.

El papel de los medios de comunicación y, más aún, el de las redes sociales, ha sido fundamental en la difusión y persistencia de estas ideas. En décadas pasadas, la propaganda tenía que ser distribuida a través de canales tradicionales, como panfletos, programas de radio o prensa escrita, lo que limitaba su alcance. Sin embargo, hoy en día, las redes sociales han multiplicado exponencialmente la capacidad de difundir mensajes ideológicos. Las plataformas como Twitter, Facebook o YouTube permiten que cualquier idea, sin importar cuán extremista o manipuladora sea, pueda alcanzar a millones de personas en cuestión de segundos.

Además, el carácter algorítmico de las redes sociales refuerza la polarización, ya que las personas tienden a ser expuestas repetidamente a contenido que refuerza sus propias creencias, creando burbujas ideológicas. Los "tontos útiles" son, en muchos casos, víctimas de este fenómeno. A medida que consumen contenido que refuerza la narrativa antiimperialista o de resistencia frente a las potencias capitalistas, se van alineando cada vez más con posiciones que terminan favoreciendo a regímenes totalitarios, sin que ellos lo perciban como tal. El alcance global de las redes sociales, además, ha permitido que estas narrativas trasciendan fronteras, influyendo no solo en aquellos que viven en países con una tradición comunista o socialista, sino también en jóvenes de países democráticos que buscan una causa en la cual creer.

Un ejemplo claro de cómo estas narrativas se perpetúan en Estados Unidos es el discurso que muchos jóvenes "tontos útiles" adoptan en relación con Cuba. Mientras que algunos huyen de la isla en busca de libertad y oportunidades, otros, especialmente aquellos que crecen fuera de Cuba, son influenciados por un discurso que presenta al país como una víctima del imperialismo estadounidense. Los logros de la Revolución, como el acceso a la salud y la educación, son repetidos sin analizar el contexto de represión política y falta de libertades fundamentales que también caracteriza al régimen cubano. Así, estos jóvenes terminan apoyando, sin ser completamente conscientes, un sistema que oprime a millones de personas.

La manera en que los "tontos útiles" se convierten en propagadores de estas ideas es, en gran parte, un reflejo de la estrategia de adaptación de las ideologías totalitarias. Estas ideas no se presentan como dogmas rígidos, sino que se ajustan a los temas que preocupan a las sociedades democráticas. En lugar de abogar abiertamente por el control estatal absoluto o la eliminación de libertades, las narrativas totalitarias se camuflan bajo el manto de la justicia social, los derechos humanos y la lucha contra la desigualdad. Estos son temas que, de manera legítima, preocupan a muchas personas, pero que son aprovechados para insertar ideas que, en última instancia, terminan erosionando las bases de la democracia.

El proceso de manipulación ideológica es, en este sentido, extremadamente sofisticado. Los "tontos útiles" no son conscientes de que están siendo utilizados, porque la propaganda que reciben no se presenta como tal. En lugar de eso, llega a ellos como parte de un discurso más amplio de resistencia y lucha por un mundo mejor. Es solo cuando se profundiza en las implicaciones de estas narrativas que se hace evidente que, aunque puedan parecer inofensivas o incluso progresistas, están alineadas con ideologías que, en sus versiones más extremas, promueven la concentración del poder y la represión de las libertades.

El reto para las sociedades democráticas, y especialmente para los jóvenes que están expuestos a estas ideas, es aprender a reconocer cuándo las causas que apoyan están siendo manipuladas con fines autoritarios. El acceso a la información no siempre garantiza que las personas estarán protegidas de la propaganda, especialmente cuando esta se presenta de manera tan sutil y emocionalmente apelativa. La educación crítica, el fomento del pensamiento independiente y el análisis riguroso de las fuentes de información son herramientas esenciales para evitar caer en las trampas ideológicas que, a lo largo de la historia, han demostrado ser tan efectivas.

En última instancia, la persistencia de las ideas totalitarias en democracias como la de Estados Unidos demuestra que ninguna sociedad está completamente a salvo de la manipulación ideológica. Los "tontos útiles", aunque actúan con las mejores intenciones, terminan siendo instrumentos de ideologías que no comprenden completamente, contribuyendo a la difusión de ideas que socavan los valores que dicen defender. El papel de los medios y las redes sociales en este proceso es crucial, ya que permiten que estas narrativas se extiendan rápidamente y sin control, reforzando la polarización y limitando el acceso a perspectivas equilibradas. Para combatir este fenómeno, es necesario un esfuerzo consciente por parte de los individuos y las instituciones para promover una educación que fomente el pensamiento crítico y una comprensión más profunda de los contextos históricos y políticos en los que se insertan estas ideas. Solo así será posible proteger a las democracias de la insidiosa influencia de las ideologías totalitarias.

CAPITULO 10

La liberación del pensamiento

La liberación del pensamiento es un proceso complejo y profundo que implica, en muchos casos, un desprendimiento de las narrativas impuestas por regímenes totalitarios o ideologías opresivas. En el caso de Cuba, un país donde la manipulación ideológica ha sido una herramienta central del régimen durante décadas, son pocos los que logran escapar de las cadenas del adoctrinamiento. Sin embargo, algunos individuos han encontrado la manera de romper con esas narrativas, cuestionarlas y, lo más importante, luchar para exponer las verdades que el régimen intenta ocultar. La liberación de estas mentes ha sido, en muchos casos, resultado de un proceso de educación, acceso a información crítica y el desarrollo de un pensamiento independiente, herramientas esenciales para combatir el adoctrinamiento.

Uno de los ejemplos más representativos de esta liberación del pensamiento es Eliecer Ávila, un joven cubano que, en 2008, saltó a la fama cuando, como estudiante universitario, cuestionó directamente a Ricardo Alarcón, entonces presidente de la Asamblea Nacional del Poder Popular, en un foro estudiantil. Ávila planteó preguntas que resonaban con muchos cubanos, como por qué el pueblo no tenía acceso a internet ni a las libertades que disfrutaban otros países. Este acto de valentía lo convirtió en una figura pública que desafiaba la narrativa del régimen, y su vida cambió para siempre. Desde entonces, Ávila ha sido un férreo opositor del gobierno cubano, luchando por los derechos y libertades de los ciudadanos a través de su activismo, primero en Cuba y luego desde el exilio. Su capacidad para liberarse del adoctrinamiento del régimen fue producto de su acceso a fuentes de información alternativa y su deseo insaciable de comprender la verdad sobre la situación de su país.

Otro ejemplo de liberación del pensamiento es el boxeador cubano Yordenis Ugás. Nacido y criado en Cuba, Ugás fue testigo de primera mano de las limitaciones impuestas por el régimen a los deportistas. Al igual que muchos atletas cubanos, Ugás fue formado dentro de un sistema que utiliza el deporte como una herramienta propagandística para glorificar al gobierno, al tiempo que controla estrictamente a los deportistas, limitando su libertad personal y profesional. Sin embargo, Ugás logró escapar de ese control y, tras desertar, comenzó una carrera profesional en Estados Unidos. A lo largo de su carrera, Ugás no solo ha sido un campeón en el ring, sino también una voz valiente en contra del régimen cubano. A través de las redes sociales y entrevistas, ha denunciado las injusticias y violaciones de derechos humanos que el gobierno cubano sigue cometiendo, convirtiéndose en un símbolo de resistencia para muchos cubanos. Su historia es un testimonio del poder del pensamiento crítico y la determinación para liberarse de la opresión ideológica.

Rosa María Payá es otro ejemplo icónico de liberación del pensamiento. Hija del líder opositor Oswaldo Payá, asesinado en circunstancias sospechosas en 2012, Rosa María ha continuado el legado de su padre luchando por una Cuba libre y democrática. A pesar de crecer bajo la constante vigilancia y presión del régimen, Rosa María desarrolló una capacidad crítica que le permitió desafiar las mentiras oficiales y exponer la verdadera naturaleza del gobierno cubano. A través de su trabajo con la iniciativa Cuba Decide, Payá ha llevado la lucha por un cambio democrático en Cuba a la arena internacional, denunciando al régimen en foros globales y promoviendo un referéndum que permita al pueblo cubano decidir su futuro político. Su liberación mental y su activismo son ejemplo del poder de la educación y la información para romper las cadenas del adoctrinamiento.

Liu Santiesteban, una periodista y activista cubana, también ha demostrado el impacto transformador del pensamiento crítico. A través de su trabajo en medios alternativos y su uso eficaz de las redes sociales, Santiesteban ha expuesto las verdades ocultas por el régimen cubano, cuestionando las narrativas oficiales y destacando las violaciones a los derechos humanos en la isla. Su lucha por la verdad y su valentía para enfrentarse al régimen, incluso desde el exilio, la han convertido en una voz potente en la oposición cubana. Liu es un claro ejemplo de cómo las personas pueden liberarse de la manipulación ideológica al acceder a información veraz y al desarrollar una visión crítica de la realidad.

Otro joven que ha desafiado las narrativas comunistas es Brien Infante, conocido como El Asere Pensante. Brien es parte de una nueva generación de cubanos que, a través de las plataformas digitales, están desafiando abiertamente al régimen y exponiendo las contradicciones y falsedades de su propaganda. Con su agudo sentido del humor y su enfoque directo, Infante ha utilizado las redes sociales para desenmascarar las mentiras del gobierno cubano, desafiando a los discursos oficiales que aún intentan justificar las políticas represivas del régimen. Su uso de la sátira y el análisis crítico ha resonado con muchos jóvenes cubanos, mostrando que la liberación del pensamiento puede adoptar múltiples formas, desde el activismo más tradicional hasta la creatividad y el ingenio en la era digital.

Aimee Nuviola y Yotuel son dos figuras cubanas que también representan este proceso de liberación del pensamiento y el desafío a las narrativas del régimen cubano. Ambos, a través de su música y su activismo, han expuesto las verdades del sistema en el que crecieron y han utilizado su plataforma para luchar por la libertad y los derechos del pueblo cubano.

Aimee Nuviola, una cantante y actriz cubana con una exitosa carrera internacional, ha sido una defensora constante de los derechos humanos y la libertad de expresión. A lo largo de su trayectoria, Nuviola ha utilizado su arte no solo para celebrar la cultura cubana, sino también para denunciar las injusticias y la represión que sufren sus compatriotas bajo el régimen comunista. Su música se convierte en una herramienta poderosa para transmitir mensajes de resistencia y esperanza, mientras ella misma ha hablado abiertamente sobre su deseo de ver una Cuba libre y democrática.

Por otro lado, Yotuel, cantante y líder del grupo Orishas, ha sido una de las voces más influyentes en el movimiento por la libertad en Cuba. Su canción "Patria y Vida" se ha convertido en un himno de resistencia contra el régimen cubano, desafiando la narrativa oficial de "Patria o Muerte" que durante décadas ha sido utilizada como lema propagandístico del gobierno. La canción, que Yotuel creó junto a otros artistas cubanos, critica abiertamente las condiciones de vida en Cuba y llama a un cambio político. A través de su música y activismo, Yotuel ha dejado claro su rechazo a la represión y su lucha por una Cuba libre, convirtiéndose en una de las figuras más importantes en la lucha contra el régimen cubano.

La inclusión de figuras como Aimee Nuviola y Yotuel en este contexto refuerza la idea de que el arte y la cultura pueden ser poderosas herramientas para la liberación del pensamiento. Ambos han demostrado que, a pesar de haber crecido en un sistema diseñado para controlar el pensamiento y suprimir la disidencia, es posible romper esas cadenas y usar la creatividad para denunciar las injusticias y luchar por la libertad.

Todos estos ejemplos tienen algo en común: cada una de estas personas logró liberarse del adoctrinamiento y de las narrativas oficiales a través de un proceso de cuestionamiento, acceso a información y pensamiento crítico. Ninguno de ellos se conformó con la versión oficial de la realidad, sino que buscaron entender los problemas desde una perspectiva más amplia, utilizando la educación y la información como herramientas para su liberación. En muchos casos, esta liberación fue acompañada de un alto costo personal: la persecución, el exilio o el aislamiento social. Sin embargo, todos ellos comparten una convicción firme en la importancia de la verdad y en la necesidad de luchar por los derechos fundamentales que el régimen niega a su pueblo.

La reflexión sobre la liberación del pensamiento en estos casos nos lleva a destacar el poder transformador de la educación y el acceso a la información. La capacidad de pensar críticamente, de cuestionar las versiones oficiales y de buscar la verdad es una herramienta poderosa para combatir el adoctrinamiento. En sociedades donde la propaganda y el control de la información son una constante, como en Cuba, el pensamiento crítico se convierte en un acto de resistencia. Aquellos que logran liberarse de las narrativas impuestas no solo se liberan a sí mismos, sino que también abren el camino para que otros hagan lo mismo, demostrando que la verdad puede prevalecer sobre la mentira, incluso en las circunstancias más difíciles.

La educación es un pilar fundamental en este proceso de liberación. No solo hablamos de una educación formal, sino también del acceso a diferentes fuentes de información, la exposición a múltiples perspectivas y el desarrollo de habilidades para el análisis crítico. El adoctrinamiento prospera en entornos donde la información es controlada y la diversidad de opiniones está suprimida. En cambio, la liberación del pensamiento florece en espacios donde las personas pueden comparar, debatir y cuestionar diferentes ideas. Es en estos entornos donde la verdad puede surgir, donde las personas pueden identificar las mentiras y contradicciones de los regímenes totalitarios y donde pueden encontrar la fuerza para desafiar esas narrativas.

El pensamiento crítico, en última instancia, es una de las herramientas más poderosas contra la opresión ideológica. La capacidad de cuestionar, de no aceptar las cosas al pie de la letra y de buscar la verdad es lo que ha permitido a individuos como Eliecer Ávila, Yordenis Ugás, Rosa María Payá, Liu Santiesteban,

Brien Infante, Aimee Nuviola y Yotuel liberarse de la manipulación ideológica. Estos jóvenes no solo han logrado liberarse a sí mismos, sino que también han ayudado a otros a hacerlo, demostrando que, incluso en contextos de represión, la verdad tiene el poder de prevalecer.

En un mundo donde la propaganda y la manipulación ideológica siguen siendo herramientas poderosas para los regímenes totalitarios, es esencial recordar que la educación, la información y el pensamiento crítico son las armas más efectivas para combatir el adoctrinamiento. La liberación del pensamiento no solo permite a las personas vivir de manera más auténtica y libre, sino que también les da la capacidad de luchar por un mundo más justo y equitativo, desafiando las narrativas opresivas y exponiendo las verdades que muchos prefieren ocultar.

CAPITULO 11

La Liberación del Pensamiento: El Poder de la Educación Crítica para Evitar la Manipulación Ideológica

A lo largo de este libro, se ha expuesto y analizado el fenómeno de los "tontos útiles", una expresión utilizada para referirse a aquellas personas que, sin ser conscientes de ello, terminan apoyando agendas que favorecen a regímenes totalitarios o autoritarios, en contra de los principios democráticos y de libertad que en teoría deberían defender. Este concepto ha sido abordado desde diversos ángulos, pero principalmente desde el prisma de la experiencia cubana, donde el régimen ha sabido manipular a diversos sectores, tanto dentro como fuera de la isla, para mantener su influencia y legitimidad. Se ha hecho especial énfasis en cómo estas tácticas de manipulación logran filtrarse en democracias consolidadas como la de Estados Unidos, donde, a pesar de la libertad de expresión y el acceso a la información, las ideas totalitarias siguen logrando sobrevivir, adaptándose a los nuevos tiempos.

Un tema central en este análisis ha sido la manera en que los jóvenes cubanos, recién llegados a Estados Unidos u otros países, pueden ser reclutados por movimientos o grupos que, bajo la bandera de la solidaridad o la justicia social, promueven sin saberlo agendas que favorecen al régimen cubano o a ideologías similares. A través de la manipulación de las narrativas históricas y políticas, y con un uso estratégico de la propaganda, se logra infiltrar la mente de aquellos que, aunque busquen la libertad, terminan replicando los discursos de opresión. Este fenómeno es visible no solo en los migrantes cubanos, sino en diversos sectores de la sociedad global, donde el descontento con los sistemas democráticos o la desigualdad social es aprovechado para insertar ideas que en última instancia socavan los valores que en teoría deberían proteger.

En la Cuba comunista, la propaganda ha sido una herramienta esencial desde los primeros días de la Revolución, y con el tiempo, el régimen ha perfeccionado su capacidad para influir en las mentes tanto dentro de la isla como fuera de ella. El aparato estatal ha sabido proyectar una imagen de resistencia heroica frente al imperialismo y de defensa de la justicia social, una narrativa que ha resonado profundamente en diversos sectores progresistas del mundo. Este relato, sin embargo, oculta las violaciones sistemáticas a los derechos humanos, la falta de libertades civiles y la represión política que caracterizan la realidad cubana. Al igual que muchos otros regímenes totalitarios, el gobierno cubano ha aprendido a disfrazar su verdadera naturaleza bajo el manto de una lucha legítima por la igualdad, logrando captar a muchos "tontos útiles" que, sin ser conscientes de la complejidad del problema, terminan legitimando a un régimen opresivo.

Un punto crucial que se ha explorado en el libro es cómo las ideologías totalitarias logran sobrevivir y adaptarse incluso en democracias consolidadas. En países como Estados Unidos, donde el libre acceso a la información y el debate abierto son la norma, parecería difícil que narrativas totalitarias logren persistir. Sin embargo, a través de una combinación de tácticas sofisticadas y el uso de herramientas modernas como las redes sociales, estas ideas siguen encontrando eco, especialmente entre aquellos que buscan una causa por la cual luchar o que sienten un profundo descontento con el sistema establecido. Las plataformas digitales, con su capacidad para amplificar mensajes y conectar a personas de todo el mundo, han sido un factor determinante en la perpetuación de estas ideologías. Los algoritmos de redes sociales, diseñados para ofrecer contenido personalizado, a menudo crean cámaras de eco donde los usuarios son expuestos a información que refuerza sus creencias preexistentes, limitando así su exposición a puntos de vista diferentes o críticos.

El papel de los medios de comunicación en este proceso también es significativo. Aunque en países democráticos existe una gran pluralidad de medios, la fragmentación de la información y la polarización de la sociedad han llevado a que muchas personas se refugien en medios que confirman sus sesgos, en lugar de buscar una comprensión más amplia y equilibrada de los problemas. Esta situación crea el caldo de cultivo perfecto para la persistencia de las narrativas totalitarias, que logran insertarse en estos espacios de descontento y desinformación, disfrazadas de luchas legítimas por la justicia social o la igualdad.

En este sentido, los "tontos útiles" juegan un papel clave. Muchas de estas personas no actúan con malas intenciones ni tienen una comprensión total de las implicaciones de las ideas que defienden. Sin embargo, al apoyar narrativas que presentan a regímenes como el cubano bajo una luz favorable, contribuyen a la legitimación de sistemas opresivos. Este fenómeno no se limita solo a Cuba. A lo largo de la historia, regímenes autoritarios han utilizado a personas bien intencionadas en democracias para promover sus agendas. Durante la Guerra Fría, tanto la Unión Soviética como otros países del bloque comunista lograron reclutar a intelectuales, artistas y figuras públicas de renombre para defender sus causas, muchas veces sin que estas personas fueran conscientes del verdadero alcance de sus acciones.

En Cuba, este fenómeno ha sido especialmente persistente. A lo largo de los años, diversos sectores del exilio cubano en

Estados Unidos han sido influidos por narrativas que, bajo el pretexto de la defensa de la soberanía o el rechazo al imperialismo, terminan perpetuando las ideas del régimen. Esto es particularmente visible entre algunos jóvenes que, al llegar a Estados Unidos, buscan mantener vínculos con su cultura y su país de origen, y encuentran en estas narrativas una forma de hacerlo. Sin embargo, lo que no siempre ven es que, al apoyar estas ideas, están indirectamente contribuyendo a la perpetuación de un sistema que oprime a millones de sus compatriotas.

A lo largo del libro, se han presentado ejemplos de personas que han logrado liberarse de esta manipulación ideológica. Figuras como Eliecer Ávila, Yordenis Ugás, Rosa María Payá, Liu Santiesteban, Brien Infante, Aimee Nuviola y Yotuel han demostrado que es posible romper con las cadenas del adoctrinamiento y luchar por la verdad. Estas personas, provenientes de diferentes ámbitos como la política, el deporte, la música y el activismo, han utilizado sus plataformas para exponer las verdades del régimen cubano y luchar por una Cuba libre y democrática. Su capacidad para cuestionar las narrativas que les habían sido inculcadas y para desarrollar un pensamiento crítico ha sido clave en su proceso de liberación.

Eliecer Ávila, por ejemplo, comenzó su viaje hacia la liberación del pensamiento cuando, como estudiante universitario, se atrevió a cuestionar abiertamente a un alto funcionario del gobierno cubano. Desde entonces, ha sido una voz crítica y valiente en la lucha por los derechos humanos y las libertades civiles en Cuba. De manera similar, Yordenis Ugás, un exitoso boxeador cubano que desertó y encontró la libertad en Estados Unidos, ha utilizado su fama para denunciar las injusticias del régimen, convirtiéndose en un símbolo de resistencia. Rosa María Payá ha continuado el legado de su padre, Oswaldo Payá, luchando incansablemente por un cambio democrático en la isla, mientras que Liu Santiesteban y Brien Infante han utilizado las redes sociales para desenmascarar las mentiras del régimen y fomentar un pensamiento crítico entre los jóvenes cubanos.

Aimee Nuviola y Yotuel, ambos artistas reconocidos internacionalmente, también han sido figuras claves en esta lucha. A través de su música, han desafiado las narrativas del régimen cubano, utilizando su arte como una herramienta de resistencia. La canción "Patria y Vida", creada por Yotuel junto a otros artistas cubanos, se ha convertido en un himno de la lucha por la libertad en Cuba, desafiando directamente el lema oficial del régimen y exponiendo las duras realidades que enfrenta el pueblo cubano. Aimee Nuviola, por su parte, ha utilizado su música y su voz para promover la libertad y la justicia, demostrando que el arte puede ser una poderosa herramienta para el cambio social.

Todos estos ejemplos subrayan la importancia del pensamiento crítico y el acceso a la información como herramientas clave para combatir el adoctrinamiento. La educación es fundamental en este proceso. Una educación que fomente el análisis crítico, el cuestionamiento de las ideas establecidas y la apertura a diferentes perspectivas es esencial para evitar caer en las trampas de la manipulación ideológica. En un mundo cada vez más polarizado, donde la desinformación se propaga rápidamente y las ideas totalitarias logran infiltrarse incluso en democracias consolidadas, es crucial que las personas estén equipadas con las herramientas necesarias para pensar de manera independiente y tomar decisiones informadas.

El pensamiento crítico no solo nos protege de ser manipulados, sino que también nos permite vivir de manera más auténtica y libre. Nos da la capacidad de cuestionar las verdades que nos presentan, de buscar la justicia y de luchar por un mundo mejor. Es un proceso que requiere esfuerzo, pero que es absolutamente necesario en una era donde las narrativas opresivas y la manipulación ideológica siguen siendo una amenaza real.

El libro concluye con una reflexión sobre cómo evitar convertirse en un "tonto útil" en cualquier contexto. La clave está en no aceptar las cosas al pie de la letra, en cuestionar siempre las narrativas que se nos presentan y en buscar una comprensión más profunda de los problemas. La educación crítica, el acceso a la información y la apertura a diferentes perspectivas son esenciales para este proceso. En un mundo donde las ideologías totalitarias siguen intentando infiltrarse en nuestras sociedades, es más importante que nunca que nos mantengamos vigilantes y críticos frente a la información que consumimos y las causas que decidimos apoyar. Ser consciente de las motivaciones detrás de cada narrativa y tener una disposición abierta para cuestionar incluso aquellas ideas que parecen alinearse con nuestros valores es fundamental para evitar ser manipulados.

La liberación del pensamiento es un acto de resistencia en sí mismo. En una era donde la información es abundante pero a menudo sesgada, es crucial aprender a distinguir entre lo que es cierto y lo que está diseñado para manipularnos. Esto requiere un compromiso con la verdad, el diálogo abierto y la voluntad de escuchar y considerar diferentes perspectivas. Al hacerlo, podemos protegernos de convertirnos en instrumentos involuntarios de agendas que no entendemos completamente.

En última instancia, la educación crítica y la búsqueda de la verdad son las herramientas más poderosas que tenemos para evitar caer en las trampas de la manipulación ideológica y el adoctrinamiento. Solo a través de un pensamiento libre y consciente podremos realmente participar en la construcción de sociedades más justas y democráticas, donde las ideas se debatan abiertamente y la verdad prevalezca sobre la mentira.

Made in United States
Orlando, FL
15 July 2025